Handmade Gardens

パリ・ロンドン・北欧の
手づくりガーデニング

édition PAUMES
ジュウ・ドゥ・ポゥム

Liliana Motta, Paris

Anna-Pi Lennstrand, Stockholm

Introduction

あたたかな太陽の光、さわやかな空気と緑の香り
木々の葉のさざめきに、愛らしい花や果実。
お庭には、日々を送るなかで感じることができる
ささやかな自然のよろこびがあふれています。

パリ、ロンドン、北欧の街で、
私たちは、さまざまなお庭におじゃましました。
アパルトマンの小さなベランダのコーナーに
ウッドデッキのテラスや、コテージつきの市民農園
ときにはびっくりするくらい広大なお庭も。
そこで出会ったガーデナーは、植物を育てるだけでなく
暮らしのイマジネーションを広げてくれるような
お庭の楽しみ方をしていました。

緑のアーチをくぐって、お庭に入ると
花や植物たち、ガーデンオブジェがお出迎え。
バードハウスでは、小鳥がさえずり、
子どもたちの楽しそうな笑い声も聞こえてきます。
ガーデンテーブルで、家族や友だちとともに
お茶や食事、おしゃべりを楽しみ
スウィングベンチで、のんびりリラックス……
こんな時間を過ごせたら、素敵！
そんなイメージをしながら、手づくりガーデニングで
小さなしあわせを育ててみませんか。

ジュウ・ドゥ・ポゥム

Contents

Petersham Nurseries, London

08 **Green arches**
アーチをくぐって、お庭へようこそ

16 **Gardening tools**
庭しごとの道具たち

18 **Small play houses**
子どもたちの夢が広がる、小さな家

28 **Animal ornaments**
動物オブジェが緑の中でかくれんぼ

34 **Nurseries**
種から苗を育ててみよう

38 **Flowerpots**
植物と鉢のコーディネートを楽しんで

52 **Birdhouses & feeders**
お庭の大切なお客さま、動物たちの家

58 **Wall gardening**
花や緑をあしらって壁面ガーデニング

64 **Stones & tiles**
石やタイルで、遊びごころを加えて

70 **Roses**
バラはお庭の女王

72 **Lights**
昼も夜も楽しみたいから、お庭に光を

78 **Relax in green**
リラックスできる緑のリビングルーム

88 **Garden tea time**
お庭でのんびりお茶しましょう

Olev Nõu, Stockholm

Green arches
アーチをくぐって、お庭へようこそ

お庭へと入る、わくわく感が高まるガーデンアーチ。
アイアンや木製のフレームに、つるを絡ませて
エントランスの門にしたり、トンネルにしたり
ガーデンテーブルの上にかけて、屋根にしたり。
ジャスミン、バラ、クレマチスなど花の季節はもちろん
葉っぱたちが織りなす、緑のグラデーションも美しく
スペシャルな雰囲気を、お庭に与えてくれます。

Skansen, Stockholm

ドアを縁取るように、両サイドから植物を導いて仕立てた緑のアーチのある小さな建物は、ストックホルムで18世紀に建てられた牧師さんのサマーハウス。**右ページ**：たっぷりと葉っぱのついた緑のアーチを集めました。太陽の向きに作っておくと、光が差し込むドラマチックなひとときを楽しむことができます。

Joanna Herald, London

Le Jardin des Plantes, Paris

Anu & Mikko Paakkanen, Helsinki

Marion Denizet & Hervé Zylberberg, Paris

Marie-Odile Briet & Hervé Tullet, Paris

石畳の中庭に、ぶどうのアーチをかけて、南仏で過ごすヴァカンスのような雰囲気に。左ページ：パリのペイサジスト「ドゥ・ラ・ブリュム・ア・ラ・ベシュ」が発表した「ラ・カバン・ポリボード」。ランダムに走るフレームに、つる性の植物を誘引し、アーチ型の屋根をかけて小屋のように仕立てることができます。

Koloni, Stockholm

Gardening tools
庭しごとの道具たち

植物のお手入れをする道具にも、それぞれのお庭の雰囲気が反映されています。家族でガーデニングを楽しんでいるおうちでは、子どもの手でもにぎりやすい種まき用の穴あけツールや小さなバケツを用意。モダンなお庭にカラフルなアイテムが華を添えていたり、ナチュラル派のお庭ではブリキのスコップやじょうろに浮いてくるサビも味わい深く感じられたり。使いやすさはもちろん、アクセサリーとしても道具選びを大事にしている様子が伝わってきました。

Pauline Ricard-André, Paris

Riina & Jussi Palva, Helsinki

Ritva & Pertti Varakas, Helsinki

Jane Brockbank, London

Lubna Chowdhary, London

Rosendals Trädgård, Stockholm

Krista & Janne Keltanen, Helsinki

Anu & Mikko Paakkanen, Helsinki

Julia Donner, Helsinki

 # Small play houses
子どもたちの夢が広がる、小さな家

お父さんとお母さんが、お庭に建ててくれた

小さな家は、子どもたちの秘密基地。

お気に入りのおもちゃなどで飾りつけて

レストランや雑貨屋さんにしたり、おうちにしたり

男の子も女の子も、自分の空間として楽しみます。

そのドアを開けて見せるときは、どの子も得意げ。

家族の愛情と子どもたちの夢が詰まった素敵な場所です。

緑に映える、まっ白な小屋は4歳の男の子のための空間。もともとアイスクリームスタンドとして使われていた床のない建物ですが、ふかふかの芝生がまるでカーペットのよう。窓辺を飾るガーランドは、ママの手づくりです。

Tana Kretzchmer, Holbæk

Charlotte Faaborg, Dragør

Charlotte Schrøder, Copenhagen

北欧ではポピュラーな小屋づくり用キット。この小屋は専用キットを組み立てたもの。室内は大人も招いてもらえそうな広さのある、ダイニングキッチンにしつらえました。**左ページ**：こちらもキットを使った小屋。パパは8歳の娘のためにドアをカスタマイズして、ドールハウスのような仕上がりに。

2階建ての小屋は、パパの完全なる手づくり。1階はおままごとのできる部屋に、2階はマットレスを敷いて読書やお昼寝をゆっくり楽しめる空間に。同じ黒にペイントした木材を使って、ハーブやサラダ菜などを育てるキッチンガーデンのプランターも作って、お庭に統一感を出しています。

Alexandra Chevallereau, Paris.

まるい石が敷き詰められたお庭の片隅にある小屋は、フレンチシックなブルーグレー色。ママ手づくりのガーランドで軒先を飾りました。**右ページ**：ジョージア時代の建物の廃材を使った小屋の中は、イギリスのカントリー調インテリアに。姉妹で、お人形遊びやお店屋さんごっこをして遊びます。

Sam Mckechnie, London

Marianne Barcilon, Paris

 # Animal ornaments
動物オブジェが緑の中でかくれんぼ

お庭の表情を豊かにするガーデン・オーナメント。
もともと自然の中で暮らしている
動物のモチーフは、植物との相性もぴったり。
木陰にひそむ木馬や、小枝の上の鳥のオブジェが
なにげない日常の場所に、物語を連れてきます。
お気に入りの動物を主役に、イメージをふくらませて
自分だけのストーリーを育んでみませんか?

Rob Kesseler, London

Heta & Tuija Kuchka, Helsinki

Annalan Puutarha, Helsinki

Mélanie Philouze & Nicolas Sandoz, Paris

屋外でも扱いやすい陶器のオブジェたち。玄関のそばで、お客さまを歓迎します。**右ページ**：ぞうのウィンドベルに、ダックスフンド型の靴の泥落としや、はりねずみ型のシューズブラシなど、実用的なアイテムも動物モチーフ。

Rémy Savane, Paris

Sam Mckechnie, London

Lubna Chowdhary, London

Zetas Trädgård, Stockholm

Valérie Cordier, Paris

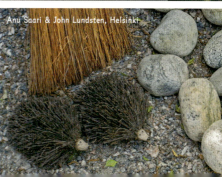
Anu Saari & John Lundsten, Helsinki

Marie-Pierre Genest, Paris

Annabelle Brietzke & Yves-Marie Pinel, Paris

Rob Kesseler, London

Koloni, Stockholm

ねこは、国を問わず人気者。本物そっくりな置物に、ウィンドベル、ビー玉の目がキラキラ光る吊り下げオーナメントなど。まるい石をペイントしたねこちゃんは、小屋の中に大事に置かれていました！

Nurseries
種から苗を育ててみよう

Andrea Sjöström, Stockholm

種をまき、めばえを迎えたときのよろこびは格別のもの。植物を育てる楽しさを知ったガーデナーたちは、お庭や室内の日当たりのいい場所に苗床を作って、小さな苗のお世話をしていました。子どもが赤ちゃんのころの写真でピックを作ってハーブの苗に飾ったり、加工しやすく耐水性があり、デザインもかわいい牛乳パックをプランターにしたり。ちょっとした工夫で、植え替えをするまでの時間を楽しんでいます。

Kicki Fjell, Stockholm

Ada Bergroth & Antti Routto, Helsinki

Katarina Brieditis, Stockholm

Katarina Brieditis, Stockholm

水玉模様のホーローバットに並んだ苗たち。古新聞で作る育苗ポットは、自分で好きな大きさにできるし、植え替えのときには紙のまま土に植えてもよいので、とても便利。**右ページ**：王冠型のプランターカバーやヴィンテージのワイヤーバスケットで、新芽のための特等席を設けて。

Saara Lehtonen, Helsinki

Marcia Hurst, London

Rob Kesseler, London

Isabelle Martinez, Paris

Flowerpots
植物と鉢のコーディネートを楽しんで

テラスや玄関先など、土のない場所でも

花や緑を気軽に楽しむことができる鉢植え。

専用の鉢にとらわれずに、自由に器を選べば

インテリアやファッションのように

植物のコーディネートを楽しむことができます。

テラコッタ鉢を、好きな色のペンキで塗ってみるのも

がらりと雰囲気が変わる、簡単なカスタマイズです。

Maarit Kivistö, Helsinki

Anu & Mikko Paakkanen, Helsinki

Åsa Hellberg, Stockholm

ミルク缶やホーロー鍋など、使わなくなってしまったアイテムをプランターとしてリサイクル。植木鉢として植物を植えるときには、底に穴をあけて、水はけをよくしてあげるのを忘れないで。持ち手がついているので、配置換えさせるときにも簡単です。

Mathilde Eudes & Michel Poivert, Paris

ペットのうさぎが観葉植物を食べてしまうので、軽いアルミの空き缶を柱の上に取り付けてプランターに。アイビーは剪定したつるを挿し木して、どんどん増やすことができるので、いつでも手に入るシンプルな缶に植えて、全体を揃えるようにしています。

Marianne Barcilon, Paris

Rob Kesseler, London

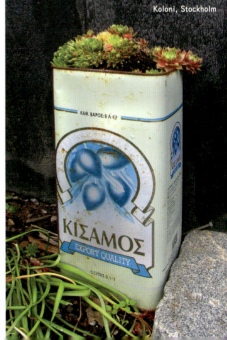

Koloni, Stockholm

お気に入りだったボーダーTシャツの身頃部分だけを使った、手づくりのプランターカバー。**左ページ**:フランス生まれの「バックサック」は、土木工事などで盛り土の補強や排水に使われるジオテキスタイルを素材にした、軽くて丈夫な布製プランター。ベランダ・ガーデニングにもおすすめです。

Le Jardin Catherine Labouré, Paris

長靴プランターは、子ども向けのガーデニング・ワークショップが行われている、パリ7区の公園「ジャルダン・カトリーヌ・ラブレ」で。**右ページ**：色や形、素材もさまざまなプランターを集めました。ナチュラル、モダン、エスニック、エレガントなど、お庭の雰囲気やテーマにあわせて鉢を使い分ければ、植物の表情も違ってみえてきます。

Lilian Bäckman, Stockholm

Laure Djourado & Colin Kramer, Paris

Rosendals Trädgård, Stockholm

Clifton Nurseries, London

Riina & Jussi Palva, Helsinki

Columbia Road Flower Market, London

Koloni, Stockholm

Koloni, Stockholm

Anna-Pi Lennstrand, Stockholm

Julia Donner, Helsinki

北欧の素朴な雰囲気のお庭には、バスケットがよく似合います。観賞用として、プラスチックの鉢に植えられた季節の花などを入れるプランターカバーにしてもいいですし、バスケットの内側に水苔やヤシの繊維、麻布などを敷くと土がこぼれにくくなって、植木鉢として使うことができます。

Nathalie Lété, Paris

Birdhouses & feeders
お庭の大切なお客さま、動物たちの家

お庭にやってくる鳥や虫、動物たちには
私たちの目や耳を喜ばせるだけでなく
自然の恵みを、より豊かにしてくれる役割も。
そんな大事なお客さまを、お庭に招き入れる
小さな家や、えさ台を用意してあげましょう。
訪問客が増えると、ますます楽しいガーデニング。
人間にも動物にも居心地のいい場所が理想です。

Elizabeth Rellin, Paris

Olev Nöu, Stockholm

Julia Donner, Helsinki

Ulla Tenman, Stockholm

Rosendals Trädgård, Stockholm

Lubna Chowdhary, London

Monika Kappel-Molfessis, Paris

Petersham Nurseries, London

Åsa Hellberg, Stockholm

鳥の巣箱やバードフィーダーのほかにも、海外のお庭では、蜂やてんとう虫など昆虫をはじめ、りす、はりねずみなど動物たちのための家やえさ台も。植物の芽や果実を食べてしまうなど被害のほうに関心を持ちがちになりますが、「いい庭には虫も動物もたくさん集まってくるもの。共存できる環境を整えてあげるのが大事」とガーデナーたちは教えてくれました。

St. James's Park, London

Jinny Blom, London

Annalan Puutarha, Helsinki

Roots & Shoots Community Garden, London

Koloni, Stockholm

Ulla Tenman, Stockholm

Koloni, Stockholm

Slottsträdgården Ulriksdal, Stockholm

Stefania di Petrillo & Godefroy de Virieu, Paris

Wall gardening
花や緑をあしらって壁面ガーデニング

つる植物を、家の壁やフェンスに沿って登らせたり
フックを取り付けて、プランターを飾ったり
縦の方向にも植物をあしらうようにすると
お庭の世界を、もっと広げることができます。
あざやかな色が加わり、立体的な動きが出て
単調なファサードも自然のデコレーションで見違えるよう。
グリーンウォールづくりを、楽しんでみませんか?

Vanha Porvoo, Porvoo

フィンランドのボルヴォーの旧市街で見つけたハンギングバスケット。グレイッシュ・ブルーの壁に、パープルのパンジーの取り合わせがシック。素敵なコーディネートは、道ゆく人の目も楽しませてくれます。

Koloni, Stockholm

Lubna Chowdhary, London

Isabelle Martinez, Paris

Stones & tiles
石やタイルで、遊びごころを加えて

木々や草花をひきたてる、石やタイルは
お庭づくりの名脇役。景観のよいアクセントです。
砂利を敷いたパリのお庭では、その砂利を使って
「サリュー」とフランス語のあいさつをつづったり、
フィンランドのお庭では、菜園で育てたルバーブの
葉っぱで型取りした、飛び石を手づくりしたり。
子どもたちも喜ぶ、デコレーションになりました。

Anu & Mikko Paakkanen, Helsinki

Anu & Mikko Paakkanen, Helsinki

植え込みと芝生の境界として、近くの川岸で拾い集めてきた石や木切れを使うことで、ナチュラルな仕上がりに。
右ページ：大きめの石に番地をペイントして表札代わりにしたり、ヴァカンス先で拾ってきた石に穴をあけてガーランドにしたり、ハンドメイドのユニークなアイデアも。

Koloni, Stockholm

Annabelle Brietzke & Yves-Marie Pinel, Paris

Kicki Fjell, Stockholm

Joachim Badou, Paris

Marianne Barcilon, Paris

Marcia Hurst, London

ここぞという場所にデコレーションしたい絵柄の美しいセラミックタイル。花壇までの通り道に、タイルの小道を作るのも素敵。もしタイルが欠けてしまったとしたら、その破片をプランターに入れて飾り土のように使ったり、バードバスのまわりに貼り付けてモザイクにしたりして楽しみましょう。

Marianne Barcilon, Paris

Roses
バラはお庭の女王

エレガントな姿と豊かな香りで、古代ギリシア時代から愛されてきたバラ。ガーデナーたちにとっても、バラはちょっと特別な存在。品種改良で多種多様なバラが楽しめるようになったいま、その植え方もいろいろです。高さが1m前後になる木立性のバラは、ガーデンテーブルのそばに植えておくと、目線の位置で花を楽しむことができて素敵。つるバラは上へ伸びていく性質があるので、アーチやオベリスク型に。フェンスに沿わせて生け垣にすれば、見た目も美しく実用的で重宝します。

Sam Mckechnie, London

Heta & Tuija Kuchka, Helsinki

Olivia Putman, Paris

Leena Yli-Lonttinen & Raimo Teränne, Helsinki

La Promenade Plantée, Paris

Alexandra Chevallereau, Paris

Maarit Kivistö, Helsinki

 # Lights
昼も夜も楽しみたいから、お庭に光を

夕暮れのアペリティフ、日が落ちてからのディナー
ゆっくりと屋外での時間が楽しめるように、
お庭に、灯りを取り入れてみましょう。
キャンドルのゆらゆらと揺れる光に、風を知り
目に見えていたもの以上の自然の息吹を感じたり。
緑や花と同じように、光も眺めていると、
心をほっとさせるような、あたたかさがあります。

Anne & Olivier Fassio, Paris

Heta & Tuija Kuchka, Helsinki

Jane Brockbank, London

Cilla Lindberg, Stockholm

Sam Mckechnie, London

Mathilde Eudes & Michel Poivert, Paris

Mathilde Eudes & Michel Poivert, Paris

Maarit Kivistö, Helsinki

身近にあるものを使って、キャンドルホルダーを手づくりしているガーデナーたち。ジャムの空き瓶を使って、9歳の息子さんと一緒にカスタマイズしたキャンドルホルダーには、木の棒がついていて持ち歩くこともできます。割れてしまったワイングラスにワイヤーを巻きつけて、ハンガータイプのキャンドルホルダーにリメイク。キャンドルを入れると、カッティングの模様で美しく光が反射します。

Marie-Odile Briet & Hervé Tullet, Paris

Eric Vaugrante, Paris

Kicki Fjell, Stockholm

Sam Mckechnie, London

Saara Lehtonen, Helsinki

太陽の光を反射させるシャンデリアパーツやガラスビーズは、お庭のアクセサリーにしても素敵。つる植物を仕立てるフレームや木の枝から吊るしたり、お庭に面した窓辺のカーテンの裾のウェイトにしたり。キラキラ輝くパーツ使いで、日中の自然光もたっぷりと楽しみましょう。

 # Relax in green
リラックスできる緑のリビングルーム

植物を育てたり、愛でたりするだけでなく
お友だちを招いて、おしゃべりしたり
読書やお昼寝をして、ゆるりと過ごしたり
いろいろな楽しみ方をすることができるお庭。
太陽が大好きなガーデナーたちは
青空を高い天井に、いきいきとした緑に囲まれる
もうひとつの部屋での時間を楽しんでいました。

Guillemette Schlegel, Paris

Jinny Blom, London

1927年に植えられたりんごの木は、このお庭のシンボリックな存在。その木陰にスウィングベンチを置いて、午後のひとときを楽しむ場所に。**右**ページ：大人のリラックスタイムにおすすめのハンモック。ほかにはない浮遊感を味わえます。

Marie-Pierre Genest, Paris

Leena Yli-Lonttinen & Raimo Teränne, Helsinki

Marianne Barcilon, Paris

上:ライラックの木でぐるりと周りを囲んだガーデンテーブル。「ライラックの小屋」と呼ばれるスペースで、フィンランドでは昔からお庭の木立の中によく作られていました。花の季節には、いい香りに包まれます。下:藤棚の下にガーデンソファーを置いて、日常の中のヴァカンス気分を楽しんで。

Laure Djourado & Colin Kramer, Paris

Laetitia Bertrand & Nicolas Laarman, PaMs

Laure Djourado & Colin Kramer, Paris

Maarit Kivistö, Helsinki

Garden tea time
お庭でのんびりお茶しましょう

リラックスのためのスペースが整ってきたら
お菓子や飲み物を持って、お庭へでて
ガーデンテーブルのまわりに集まってみましょう。
特別に飾り立てなくても、いつもと同じお菓子でも
これまで手がけたお庭が、いちばんのごちそう。
眺めを楽しむお庭から、日常を過ごすお庭へ。
「普通が特別」そんな楽しい毎日がはじまります。

Annabelle Brietzke & Yves-Marie Pinel, Paris

ガーデナーたちは、お料理上手。自分たちの手で育て収穫した、果実やハーブたちをおいしくいただきます。「モンモランシー」という品種のさくらんぼを焼きこんだクラフティや、ミントの葉っぱを摘んで淹れたフレッシュ・ミントティー、ベリーで飾ったパブロワ・ケーキに、ブルーベリータルト、りんごジュースとベリージュース。お庭の恵みを使ったホームメイドのお菓子や飲み物は、なによりぜいたくなおもてなしです。

Anna Varakas & Laura Karhunen, Helsinki

Anu Saari & John Lundsten, Helsinki

Eeva-Kaisa & Taneli Rajas, Suomenlinna

Julia Donner, Helsinki

Rosendals Trädgård, Stockholm

りんごの木の下に用意されたパーティ・テーブルは、ストックホルムにあるオーガニックガーデン「ローゼンダール・トレードゴード」で。**右ページ**:午後のティータイムに、ディナー前のアペリティフ、子どものバースデーパーティなど、お庭で過ごす時間はきっと特別なひとときに!

Jinny Blom, London

Leena Yli-Lonttinen & Raimo Teränne, Helsinki

Lili Barbery-Coulon, Paris

St. James's Park, London

The editorial team
édition PAUMES

Photographs : Hisashi Tokuyoshi
Design : Megumi Mori, Kei Yamazaki
Text : Coco Tashima
Coordination : Pauline Ricard-André, Helena Amourdedieu,
　　　　　　　　Yong Andersson, Doris Barbier, Anna Varakas
Editorial Advisor : Fumie Shimoji
Editor : Coco Tashima
Sales Manager : Rie Sakai
Sales Manager in Japan : Tomoko Osada
Art direction : Hisashi Tokuyoshi

Contact : info@paumes.com
www.paumes.com

Impression : Makoto Printing System
Distribution : Shufunotomosha

édition PAUMES　ジュウ・ドゥ・ポゥム

ジュウ・ドゥ・ポゥムは、フランスをはじめ海外のアーティストたちの日本での活動をプロデュースするエージェントとしてスタートしました。魅力的なアーティストたちのことを、より広く知ってもらいたいという思いから、クリエーションシリーズ、ガイドシリーズといった数多くの書籍を手がけています。近著には『フィンランドのおいしいキッチン』『花と暮らすパリのアパルトマン』などがあります。ジュウ・ドゥ・ポゥムの詳しい情報は、www.paumes.com をご覧ください。

また、アーティストの作品に直接触れてもらうスペースとして生まれた「ギャラリー・ドゥー・ディマンシュ」は、インテリア雑貨や絵本、アクセサリーなど、アーティストの作品をセレクトしたギャラリーショップ。ギャラリースペースで行われる展示会も、さまざまなアーティストとの出会いの場として好評です。ショップの情報は、www.2dimanche.comをご覧ください。

Handmade Gardens
パリ・ロンドン・北欧の手づくりガーデニング

2016年4月30日　初版第1刷発行

著者：ジュウ・ドゥ・ポゥム

発行人：德吉 久、下地 文恵
発行所：有限会社ジュウ・ドゥ・ポゥム
　　　　〒150-0001　東京都渋谷区神宮前3-5-6
　　　　編集部 TEL / 03-5413-5541
　　　　www.paumes.com

発売元：株式会社主婦の友社
　　　　〒101-8911　東京都千代田区神田駿河台2-9
　　　　販売部 TEL / 03-5280-7551

印刷製本：マコト印刷株式会社

Photos © Hisashi Tokuyoshi
© édition PAUMES 2016 Printed in Japan
ISBN 978-4-07-415729-7

Ⓡ ＜日本複製権センター委託出版物＞
本書を無断で複写複製(電子化を含む)することは、著作権法上の例外を除き、禁じられています。本書をコピーされる場合は、事前に公益社団法人日本複製権センター(JRRC)の許諾を受けてください。
また本書を代行業者等の第三者に依頼してスキャンやデジタル化することは、たとえ個人や家庭内での利用であっても、一切認められておりません。
日本複製権センター(JRRC)
http://www.jrrc.or.jp　eメール：jrrc_info@jrrc.or.jp　電話：03-3401-2382

＊乱丁本、落丁本はおとりかえします。お買い求めの書店か、
　主婦の友社 販売部 03-5280-7551 にご連絡ください。
＊記事内容に関する場合はジュウ・ドゥ・ポゥム 03-5413-5541 まで。
＊主婦の友社発売の書籍・ムックのご注文はお近くの書店か、
　コールセンター 0120-916-892 まで。主婦の友社ホームページ
　http://www.shufunotomo.co.jp/ からもお申し込みになれます。

ジュウ・ドゥ・ポゥムの「プチ・ポゥム」シリーズ

www.paumes.com

バッグに入れて、いつも一緒の小さな写真集

「プチ・ポゥム」シリーズは、雑貨みたいなビジュアルブック・コレクション。ハンディなサイズ感、軽やかさ、やさしい紙の手触りを大切に、本づくりをしています。いつもそばに置いて、気ままにページをめくり素敵なイメージを眺めて、心をリフレッシュ。そんな小さな本ならではの楽しみを形にしていくシリーズです。

お花屋さん、ショップのウィンドウや公園など
パリの花を集めた、ブーケのような写真集

The city of flowers, Paris
『花と出会うパリの街角』

著者:ジュウ・ドゥ・ポゥム
ISBNコード:978-4-07-413357-4
判型:B6・本文96ページ・オールカラー
定価:本体1,000円+税

パリのアーティストたちの自宅で出会った
美しい花のある暮らしのワンシーン87

Everyday Flowers in Paris
『花と暮らすパリのアパルトマン』

著者:ジュウ・ドゥ・ポゥム
ISBNコード:978-4-07-411973-8
判型:B6・本文96ページ・オールカラー
定価:本体1,000円+税

ご注文はお近くの書店、または主婦の友社コールセンター (0120-916-892)まで。
主婦の友社ホームページ (http://www.shufunotomo.co.jp/)からもお申し込みになれます。